Relajación muscular
progresiva *de Jacobson*

ANJA SCHWARZ
ALJOSCHA SCHWARZ

Relajación muscular
progresiva *de Jacobson*

HISPANO
EUROPEA

Índice

¡Relajarse es *liberar el estrés!*

El cuerpo y la mente son uno solo. Cuando el cuerpo está relajado, la mente también está tranquila. Al aprender a relajar sus músculos, aprenderá también a deshacerse de las sobrecargas emocionales.

Se puede aprender a relajarse

«Sencillamente, no soy capaz de relajarme», esto es lo que piensan muchas personas estresadas y con tensión. Probablemente les ocurra lo siguiente: sienten que sus músculos están siempre en tensión, quizás sufren de dolor de cabeza porque tienen tensión en la zona cervical o tienen dolor de espalda. Pero tienen la sensación de que no pueden hacer gran cosa para solucionarlo. Les gustaría relajarse, pero el estrés del día a día les provoca tensión. A su vez, esa tensión crea todavía más estrés y por más que intentan relajarse, no lo consiguen. Lo que quizás, como muchas otras personas, no saben es que la relajación puede practicarse y aprenderse. No es necesario mucho tiempo. Incluso después de los primeros ejercicios, tendrá la sensación de sentir una profunda relajación. Además es fácil. No es necesario aprender complicadas técnicas. En este libro descubrirá cómo funciona.

¡Dejarse ir es tan beneficioso!

Cuando se está en tensión, aparece rápidamente agotamiento y, en ocasiones, una sensación de estar hecho polvo. No es de extrañar: los músculos trabajan todo el tiempo. Sin embargo, se trata de un trabajo totalmente estéril. Aunque esté en enorme tensión, no conseguirá una figura de gimnasio. A pesar de que este trabajo muscular es ineficaz, supone un enorme gasto de energía.

La tensión continua provoca un aumento crónico del tono muscular, el cual a su vez conlleva un gran número de consecuencias negativas.

Si aprende a relajarse de manera eficaz, el beneficio será enorme. Se sentirá más ligero y mejor, dispondrá de más energía y estará haciendo algo por su salud.

Ser capaz de relajarse vale la pena:

• Su sistema inmunitario funciona mejor.

- Su digestión transcurrirá sin problemas.
- Previene el infarto de miocardio y la hipertensión arterial.
- Se evitan los ataques de pánico.
- Se alivia el dolor, sobre todo el dolor de cabeza y las migrañas.
- Mejora su concentración.
- Desaparecen los transtornos psicosomáticos.
- Evita las malposiciones y elimina o alivia los síntomas del dolor de espalda y la artrosis.

Así pues, bajo cualquier punto de vista vale la pena empezar ahora mismo el aprendizaje de una técnica de relajación realmente eficaz.

Enfrentarse al estrés

El hecho de que esté en tensión tiene un motivo. De hecho se trata de una reacción natural del cuerpo al estrés. En otros tiempos, cuando el hombre era todavía cazador y recolector y se movía en la naturaleza, esta reacción al estrés era muy útil. Era incluso decisiva para la supervivencia: cuando amenazaba algún peligro se trataba de manejarse y luchar con eficacia o huir. El estrés es una reacción que prepara el organismo para la lucha o la huída.

En primer lugar se activa la parte simpática del sistema nervioso autónomo. Con ello se desactivan todas las actividades del organismo no indispensables para la vida (como el hambre, la necesidad de dormir, la sensaciones sexuales) y se ponen en marcha todas aquellas actividades necesarias para reaccionar ante una amenaza externa. Las glándulas secretan las hormonas del estrés: sobre todo la adrenalina, pero también la noradrenalina, el cortisol y la cortisona. Consecuentemente, el corazón late más deprisa y se transporta más oxígeno y azúcar hasta los músculos, para que se disponga de la fuerza suficiente ante la situación de peligro. Se acelera la respiración y aumenta la captación de oxígeno. Los vasos sanguíneos se estrechan. De esta manera, si se produce alguna herida la hemorragia será menor. Aumenta la tensión muscular, los músculos están bajo presión. Los músculos son calentados para el ataque o la huída.

Info

Consecuencias de la tensión crónica:

- **aumento de la presión arterial**
- **alteración del sistema nervioso**
- **respiración limitada**
- **transtornos de la circulación sanguínea**
- **los órganos digestivos no pueden realizar su función de manera óptima**
- **el sistema locomotor no está equilibrado y como consecuencia se producen malposiciones y dolor**

Se activan las glándulas sudoríparas porque el cuerpo se prepara para el enfriamiento y se dispone para permitir que los músculos trabajen al máximo nivel. La digestión es desconectada. De esta manera, el organismo dispone de más sangre para los músculos, lo cual es necesario para la posible lucha.

Reacción de recuperación después del peligro

Cuando el peligro ha pasado, se produce una reacción de recuperación. El cuerpo se relaja y se frena. El parasimpático se activa y las hormonas del estrés son eliminadas. La tensión y las reacciones corporales retroceden. Asimismo, vuelve a estimularse la digestión.

¿Pero qué ocurre si el peligro no desaparece? ¿Si el cuerpo mantiene la posición de alarma? Esta situación no estaba prevista en el programa biológico, el peligro cesaba en un momento u otro. Sin embargo, el estrés de la civilización actual puede ser percibido por el cerebro como una amenaza constante. Además, estas amenazas no pueden ser combatidas tan fácilmente a través de la lucha o la huída. El estrés se mantiene y el cuerpo permanece en estado de alarma: se produce un agotamiento crónico. Se consumen las reservas energéticas del organismo. Uno se siente hecho polvo, apaleado, incluso depresivo y cansado. Estudios científicos demuestran que un estrés prolongado altera el sistema inmunológico, la circulación, los nervios y la mente. Así pues, es importante encontrar otras maneras de eliminar el estrés y la tensión ligada a este. Y esto es posible, siempre que seamos capaces de valorar de otra manera nuestra manera de percibir las cosas.

Tensión muscular y emocional

Quizás se pregunte: ¿cómo deberíamos hacer para valorar su percepción de otra manera cuando el trabajo nos estresa, el jefe nos enerva, los niños lloriquean y el puesto de trabajo o la relación de pareja están amenazados? Pues bien, existe un gran número de métodos eficaces. Puede buscar conscientemente los aspectos positivos de una situación y, por ejemplo, considerar un

Conseguir la tranquilidad: relajación de cuerpo y mente.

fracaso como un desafío o una experiencia de la que aprender. Puede poner un marco nuevo a ciertos acontecimientos, por ejemplo, considerar la temida situación de tener que hablar en público en un evento como una obra de teatro. Puede programar su subconsciente con pensamientos positivos. Quizás ya haya hecho alguna prueba, aunque sin ningún o mediano resultado. No obstante, esto no se debe a que estos métodos no tengan sentido o sean inútiles. Simplemente, son insuficientes.

La mejor manera de darle la vuelta a una situación de estrés consiste en aprender a relajar la musculatura. Sólo entonces, los métodos psicológicos serán eficaces. Mediante la relajación, puede dejar claro al organismo que no existe ningún peligro. El subconsciente expresa el sentimiento de amenaza a través de la tensión muscular. Cuando los músculos están relajados significa que la amenaza ha desparecido. La relajación de los músculos elimina también la tensión emocional.

Totalmente relajado

Hoy en día, muchas personas buscan poder relajarse. Realmente, existe una gran oferta: entrenamiento autógeno, yoga, meditación, qi gong, taichi, autohipnosis y algunas más. Todos estos métodos son muy útiles. No tan solo ayudan a relajarse, sino que también tienen algunos interesantes «efectos secundarios». Con el entrenamiento autógeno puede aprender a influir sobre los procesos físicos involuntarios, el yoga aporta flexibilidad, la meditación consigue profunda tranquilidad de espíritu, el qi gong favorece la salud de manera global, el taichi mejora la coordinación y la autohipnosis le ayuda a despertar sus fuerzas inconscientes, así que cada uno de estos métodos es altamente recomendable.

Ventajas de la relajación muscular

Hay dos cosas que distinguen básicamente la relajación muscular de Jacobson (relajación muscular progresiva, RMP):

- Es el método más fácil de aprender. Al contrario que todos los otros métodos mencionados arriba, la RMP puede aprenderse solo sin peligro.
- La profundidad de la relajación que se puede conseguir al poco tiempo con la RMP es mayor que con todos los otros métodos. Este hecho ha sido demostrado en numerosos estudios científicos.

Así pues, si lo que desea básicamente es una relajación profunda con todas sus ventajas, y si quiere conseguir esta relajación relativamente rápido y sin tener que seguir interminables cursos y complicados ejercicios, entonces la relajación muscular de Jacobson es ideal para usted.

Por otra parte, la capacidad de relajarse correctamente es una preparación perfecta para otros métodos orientados al cuerpo.

Info

La relajación muscular progresiva es un método desarrollado en 1934 por el fisiólogo americano Edmund Jacobson de la Universidad de Harvard, básicamente para el tratamiento de los miedos. El psiquiatra sudafricano Joseph Wolpe, a partir de 1949, siguió desarrollando el método de Jacobson, con el fin de alcanzar la relajación con mayor rapidez.

¿Por qué puede realmente relajarse con la RMP?

La relajación completa se produce porque aprovecha al mismo tiempo varias reacciones naturales. En primer lugar, en pocas ocasiones se habrá encontrado con que para relajarse primero tenga que contraer fuertemente los músculos. Sin embargo, esto tiene una buena razón de ser:

- Aprende a tomar consciencia de la contracción de sus músculos. Cuando sepa distinguir con exactitud qué tensión tiene un determinado músculo, le será muchos más fácil relajarlo.
- La intensa contracción provoca el cansancio de los músculos. La tensión se mantiene siempre durante siete segundos –después debe relajarse el músculo–.
- La súbita relajación después de la contracción representa la relajación de la pluma de un bolígrafo. La pluma está encasquillada y al realizar de nuevo la presión normal se aprieta todavía más y después vuelve a su posición inicial.

La consecuencia es que la tensión muscular se reduce inmediatamente hasta el valor normal. Además se produce un reacoplamiento con la mente: se instaura una sensación de calma y desaparece el estrés. Aumenta la actividad parasimpática (reacción de relajación), al tiempo que se reduce la actividad simpática (reducción del estrés).

A pesar de estas ventajas, existen algunas situaciones en las que no puede realizarse la relajación muscular:

- luxación del disco intervertebral o lumbago
- esquizofrenia
- crisis de pánico (excepto cuando no cejan, entonces es ideal)

En los siguientes problemas puede utilizar eventualmente la RMP, pero sólo después de hablar con el médico:

- hipertensión arterial extrema
- enfermedades de los órganos digestivos
- después de cirugía
- después de un AVC (accidente vascular cerebral)

Info

Ventajas de la RMP:

- no precisa ningún tipo de soporte
- no hay que temer ningún tipo de efecto secundario
- puede aprender la RMP sin la ayuda de ningún profesor
- el método es completamente inofensivo

Moverse y respirar

Cuando está en tensión respira superficialmente. Es un hecho prácticamente inevitable. Por una parte, la respiración se ve limitada por la musculatura tensionada y, por otra, la respiración superficial es una reacción natural ante el estrés.

Relajación y respiración profunda

Si la respiración se hace más profunda, automáticamente se produce una mayor relajación. El principio es el mismo que para la RMP: con la respiración profunda, el diafragma y los músculos intercostales y abdominales se contraen. Durante la posterior expulsión del aire (proceso reflejo) esta musculatura se relaja e induce la relajación de otros músculos.

Así pues, la respiración consciente también es un método de relajación (el cual se utiliza p. ej. en el yoga o el qi gong).

En la RMP no queremos concentrarnos excesivamente en la respiración. No obstante, es importante tener en cuenta que durante las fases de tensión hay que seguir respirando (durante la relajación no tiene que prestar atención, ya que en esa fase la respiración fluye sola).

Un pequeño ejercicio de respiración

Como preparación para la relajación muscular puede realizar el siguiente ejercicio breve, con el cual conseguirá relajarse un poco:

• Respire algunas veces profundamente.
• Seguidamente, respire con los labios apretados (es decir, contra una pequeña resistencia) tan profundamente como pueda. Intente expulsar dos veces un poco de aire.
• Relájese. El aire entra por sí solo en sus pulmones y los llena de oxígeno y energía.
• Repita esta secuencia tres veces.

En cualquier caso se sentirá cargado de energía y con toda probabilidad un poco relajado. ¡Disfrútelo!

Los tres secretos de la relajación perfecta

Si ha leído con atención las páginas precedentes, estos secretos le serán familiares:

- La relajación física lleva consigo la relajación mental.
- La respiración y la relajación van de la mano.
- La relajación puede practicarse.

Sobre los dos primeros puntos ya ha tenido alguna experiencia. Ahora se trata de práctica. La relajación no puede aprenderse en la teoría, sino que precisa de la práctica.

Cuanto más frecuentemente practique la relajación, tanto más fácil le será relajar cuerpo y mente, tanto mayor será la rapidez con que pase de la tensión a la relajación y tanto más profunda será esta. Cada minuto de práctica vale la pena. Lo importante es que se tome estos minutos diariamente.

Hágaselo lo más fácil posible: considere su tiempo de práctica como un pequeño y reparador descanso diario en su particular isla paradisíaca en vez de como una obligación. Naturalmente, siempre habrá algún día en que le será difícil practicar. Sin embargo, persista en su propósito.

Más calidad de vida y energía

Al principio necesitará un poco más de tiempo para relajarse por completo: alrededor de media hora diaria (naturalmente es mejor si practica dos veces al día). Esto no supone tanto como quizás parezca a primera vista. En primer lugar, este tiempo es en realidad un tiempo ganado, ya que no tan solo aumenta su calidad de vida, sino que gana en energía y eficacia. En segundo lugar, con la práctica este tiempo se reducirá. Incluso una o dos semanas después, el tiempo de práctica se habrá reducido a diez y más adelante a cinco minutos. Con un poco más de práctica podrá relajarse incluso en cuestión de segundos.

Info

Patrón de relajación de Jacobson:

- **pulso más tranquilo**
- **párpados relajados**
- **respiración tranquila y regular**
- **movilidad fácil de las extremidades**
- **sensación subjetiva de tranquilidad y bienestar**

¡Relajarse es *muy sencillo!*

Con la relajación es imposible pasarse de la raya. Bien al contrario: cuanto más practique tanto mejor y más relajado se sentirá. Así pues, realice frecuentes pausas para relajarse.

Consejos para practicar

Le recomendamos proceder de forma sistemática y leer en el libro la descripción de los programas de ejercicios.

Contracción controlada

En la RMP, los músculos se contraen uno después del otro. Pero, a todas las personas no les resulta tan sencillo contraer voluntariamente un determinado músculo. En el libro encontrará, para cada paso, indicaciones prácticas y fáciles de seguir de cómo puede contraer el músculo o el grupo muscular correspondiente.

Así pues, vale la pena realizar este trabajo previo. En completa tranquilidad, familiarícese poco a poco con sus músculos –esto no tan solo facilitará la práctica, sino que además mejorará la percepción de su propio cuerpo–.

Tres reglas básicas

Cada ejercicio tiene tres fases. Se contrae un músculo o un grupo muscular, se mantiene la tensión unos instantes y se la deja ir. Para cada uno de estos pasos existe un regla importante para conseguir una relajación realmente profunda.

- Contracción: el músculo o el grupo muscular debe contraerse tan fuertemente como sea posible. No sólo un poco, sino con tanta fuerza como pueda. Naturalmente, no debe excederse. La contracción no debe ser dolorosa y, naturalmente, no debe provocar calambres.
  El ejercicio debe percibirse siempre como algo agradable.
- Mantener: mantenga la tensión siete segundos. Es muy importante que mientras tanto siga respirando, ya que durante la fase de contracción existe la tendencia a contener la respiración.
- Dejarse ir: es importante no soltar la tensión poco a poco sino de golpe. Debería ser algo así como si hubiera tensado un arco y lo soltara.

La relajación no es algo simplemente físico, es una sensación vital.

Antes de empezar

No son necesarios grandes preparativos para empezar con los ejercicios. Pero puede hacérselo algo más fácil si sigue un par de consejos. No tome estos consejos como reglas estrictas, sino simplemente como indicaciones para que pueda disfrutar todavía más de la relajación.

- Procúrese un entorno agradable. Para ello, debe airear previamente la habitación donde realice los ejercicios, aunque el ambiente debe estar caldeado. Vista ropas cómodas y quítese las gafas o lentes de contacto.
- Procure que no le molesten. Ponga en marcha el contestador automático e informe a las personas que viven con usted de que no quiere que le molesten. Si tiene el temor de que van a interrumpirle, le será difícil disfrutar por entero de la experiencia.
- Estírese sobre una alfombra mullida o utilice una o dos mantas gruesas como colchón.
- Hágase con un cilindro para la nuca. Para algunas personas es importante poder apoyar cómodamente la cabeza. Naturalmente, también puede utilizar una manta doblada o un cojín.
- Es muy útil establecer un horario fijo para realizar los ejercicios, siempre que sea posible. Durante los primeros 10 días debería realizar el programa completo, lo cual le llevará unos 40 minutos. Si no puede establecer un horario fijo, es probable que la circunstancias cotidianas le lleven a dejar los ejercicios.

Poca preparación pero práctica regular

Esta es la preparación. A parte de esto sólo hay una cosa importante: que practique con regularidad, a ser posible cada día, y que tenga un poco de paciencia. Siendo así, no pasará mucho tiempo antes de que sea capaz de relajarse a la perfección.

Tres pequeños ejercicios de preparación

Estos tres breves ejercicios le facilitarán el camino.

http://goo.gl/aB9ePX

Ejercicio 1:
Tres pequeños
ejercicios
preparatorios

(pista 1: 4:39 min.)

Ejercicio 1

Respire tres veces profundamente. Fíjese sobre todo en que la espiración sea profunda. Lo ideal es que la espiración dure el doble que la inspiración. Inspire por la nariz: 1 - 2 - 3 - 4 - espire por la boca (con los labios apretados) - 5 - 6 - 7 - 8.

Ejercicio 2

Sacuda los brazos. Deje los brazos colgar a ambos lados del cuerpo. Sacuda primero las muñecas y deje que el movimiento se transmita al resto del brazo. No intente dejar el cuerpo quieto. Deje que la sacudida de los brazos lo mueva. Sacúdase durante diez segundos.

Ejercicio 3

1 Estírese. Levante los brazos por encima de la cabeza y gire la palma de las manos hacia arriba. Estire la cabeza hacia atrás y estírese tanto como pueda. Imagine que aprieta un cojín contra el techo de la habitación. Seguidamente, deje caer los brazos. Repita el ejercicio tres veces.
Y después empieza la relajación.

La relajación completa con la RMP

http://goo.gl/aB9ePX

Ejercicio 2:
Relajación
completa por RMP

(pista 2: 39:16 min.)

Con la relajación completa con la RMP, primero contraerá de manera paulatina todos los grupos musculares y después los relajará. En total son 16 pasos: mano derecha y antebrazo derecho, brazo derecho, mano izquierda y antebrazo izquierdo, brazo izquierdo, frente, nariz y mejillas, labios y mandíbula, nuca y cuello, pecho, hombros y parte superior de la espalda, abdomen, muslo derecho, pierna derecha, pie derecho, muslo izquierdo, pierna izquierda, pie izquierdo.
Por último, relajará todo el cuerpo.

Practicar con el libro y el audio
Es recomendable que se familiarice con la forma en que debe contraer cada uno de los músculos. Tómese su tiempo para practicar poco a poco. No tenga prisa, al contrario: cuanto más tiempo se tome, tanto mejor podrá relajarse.
Practique la relajación completa durante, como mínimo, diez días consecutivos. No pasa nada si necesita algo más de tiempo.
Lo importante es que tenga la sensación de que consigue una relajación realmente completa, antes de pasar a los programas de fases, esencialmente más cortos.

Mano derecha, brazo derecho

1 Concéntrese en su mano y antebrazo derechos. Apriete su mano derecha en un puño. Tense los músculos de la mano y el antebrazo y mantenga la tensión: 1 - 2 - 3 - siga respirando - 4 - 5 - 6 - 7. Relaje los músculos. Sienta cómo los músculos de la mano y el antebrazo se relajan. Observe este hecho durante alrededor de un minuto y perciba el proceso de la relajación.

Concéntrese nuevamente en su mano derecha y su antebrazo
derecho. Separe y extienda los dedos de la mano derecha y
contraiga la musculatura. Mantenga la tensión, suéltela de golpe
y sienta durante alrededor de un minuto cómo los músculos se
relajan.
Concéntrese en la parte superior de su brazo derecho. Estire el
brazo derecho. Mantenga la tensión, suéltela de golpe y perciba
durante alrededor de un minuto la relajación.
Concéntrese nuevamente en la parte superior de su brazo
derecho. Doble el brazo derecho, como si quisiera tocarse el
hombro con la mano. También puede apretar el puño.
Contraiga la musculatura del brazo. Suéltela de golpe y sienta la
relajación.
No apriete las uñas en la palma de la mano, sino que hágalo con
la yema de los dedos. Imagine que está apretando una pequeña
pelota de goma.
Al estirar los dedos, fíjese sobre todo en separar lo máximo
posible el pulgar y el dedo meñique.

1

Mano izquierda, brazo izquierdo

Concéntrese en su mano y su antebrazo izquierdos. Contraiga los
músculos de la mano y el antebrazo y apriete la mano en un
puño. Mantenga la tensión. Suéltela de golpe y sienta durante un
minuto cómo los músculos se relajan.

1 Vuelva a concentrarse en su mano y su antebrazo izquierdos.
Estire y separe los dedos de la mano izquierda y contraiga los
músculos. Mantenga la tensión, suéltela de golpe y sienta
durante un minuto cómo se relajan los músculos.

2 Concéntrese en la parte superior de su brazo izquierdo.
Estire el brazo izquierdo y contraiga los músculos. Mantenga la
tensión, suéltela de golpe y sienta durante alrededor de un
minuto cómo se relajan.

3 Concéntrese de nuevo en la parte superior de su brazo
izquierdo. Doble el brazo izquierdo, como si quisiera tocarse el
hombro con la mano. También puede apretar el puño. Contraiga
la musculatura del brazo. Suéltela de golpe y sienta la relajación.

Al estirar el brazo se contraen los músculos posteriores de la
parte superior del brazo. Estírelo todo lo que pueda sin echar el
hombro hacia abajo.
Tenga cuidado de no provocar una hiperextensión del brazo.
Naturalmente, no debe aparecer dolor en la articulación del codo.
Al doblar el brazo imagine que aprieta una pelota de goma contra
el hombro.

Cara: frente

1 Concéntrese en la frente. Junte las cejas. Mantenga la tensión siete segundos, pero siga respirando tranquilamente. Suelte la tensión de golpe y sienta durante un minuto la relajación.

2 Concéntrese de nuevo en la frente. Ahora, levante las cejas. Mantenga la tensión, suéltela de golpe y sienta durante alrededor de un minuto la relajación.

Solo en la cara tenemos 26 músculos distintos. Los músculos de la frente se contraen cuando junta las cejas, de manera que se crean las «arrugas de la ira» por encima de la raíz de la nariz. Imagine que quisiera enfocar algo mejor con los ojos y para ello los entrecerrara ligeramente.

No tenga miedo de que el ejercicio provoque la aparición de arrugas. Todo lo contrario, los músculos se relajarán. Cuando frunce la frente, al levantar las cejas, contrae otro grupo muscular. Si le resulta difícil, abra bien los ojos y mire un poco hacia arriba. De esta manera la frente se arrugará automáticamente. Con este ejercicio también actúa en contra de la aparición de arrugas. Además, con frecuencia es útil cuando hay dolor de cabeza provocado por la contracción de estos músculos.

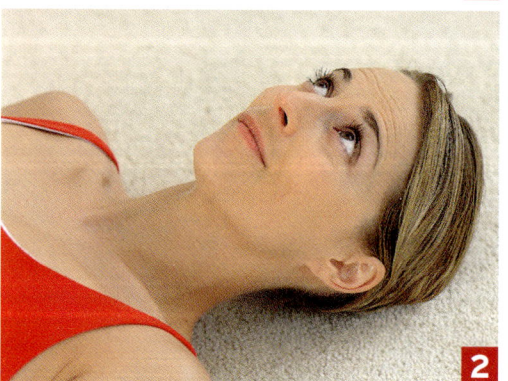

Cara: nariz y mejillas

1 Concéntrese en la zona media de su cara, en la nariz, las mejillas y los ojos. Apriete los ojos y arrugue la nariz. Mantenga la tensión. Suéltela de golpe y sienta durante alrededor de un minuto la relajación.

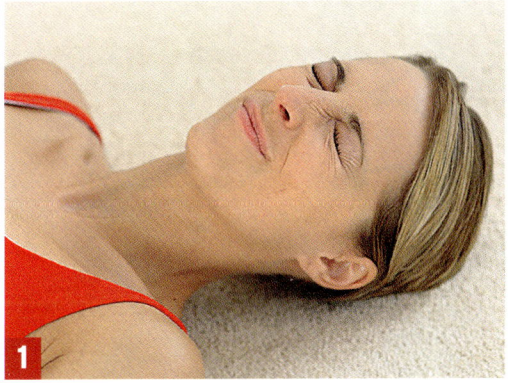

2 Concéntrese de nuevo en la zona media de la cara. Apriete los ojos y suba las comisuras de los labios tanto como le sea posible. Mantenga la tensión. Suéltela de golpe y sienta durante un minuto la relajación.

Los músculos del centro de la cara son especialmente importantes para la mímica y con ello responsables de una expresión de cara relajada y sin tensión. Si cierra con fuerza los ojos, se elevan los músculos de las mejillas. Al arrugar la nariz se refuerza la tensión. Para ello es

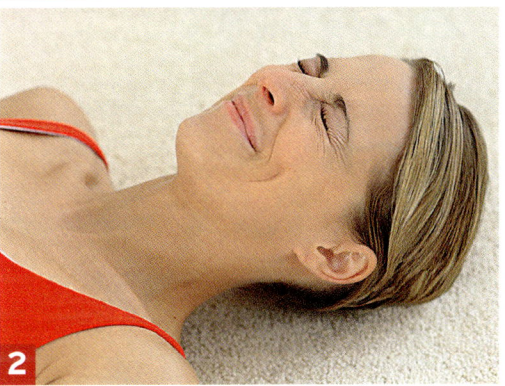

útil imaginar que, con la boca cerrada, intenta tocar la nariz con el labio superior. No se preocupe porque el conjunto le dé un aspecto ridículo –cuando la musculatura del centro de la cara está relajada, su aspecto será relajado y sin tensión–. El ejercicio constituye un eficaz método antiarrugas.

Al elevar las comisuras de la boca se activan otros músculos respecto al ejercicio anterior. Debería tener el aspecto como si estuviera mordiendo un limón y enseñando los dientes. Imagine que quiere tocar las orejas con las comisuras de la boca.

Cara: boca y mandíbula

1 Concéntrese en la zona inferior de su cara, en la boca y los labios. Apriete los labios e intente poner la boca como si quisiera dar un beso. Mantenga la tensión durante siete segundos y suéltela de golpe. Sienta la relajación durante alrededor de un minuto.

2 Concéntrese en la boca y la articulación de la mandíbula. Saque la lengua y abra bien la boca. Respire por la nariz. Mantenga la tensión, suéltela de golpe y sienta la relajación durante un minuto.

Frecuentemente, el estrés se manifiesta en forma de tensión a nivel de la musculatura mandibular, lo cual se traduce en una expresión obstinada de la cara. Al realizar este ejercicio, no apriete los dientes, sino simplemente los labios, como si quisiera apretar un caramelo entre los labios.

El ejercicio procura una buena irrigación de los labios, de manera que ganarán en color y plenitud.

Antes de contraer la musculatura mandibular debe liberarse la tensión. Podrá conseguirlo sacando la lengua e intentando tocar la barbilla con la punta de la misma.

En el Tíbet, sacar la lengua no está mal visto, sino que es una forma de saludo amistoso. En el yoga también existe un ejercicio relajante muy parecido a este.

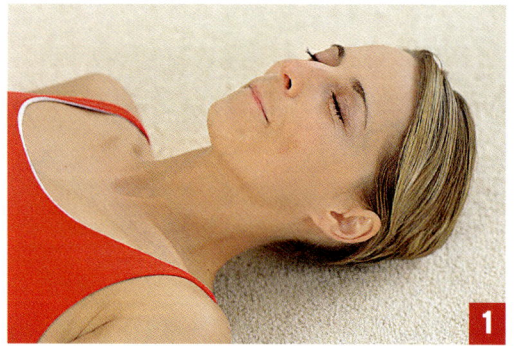

Nuca y cuello

1 Concéntrese en su cuello y su nuca. Alce un poco la cabeza del suelo y contraiga la musculatura de cuello y nuca. Mantenga la tensión siete segundos, suéltela de golpe y sienta la relajación durante alrededor de un minuto.

2 Concéntrese de nuevo en su cuello y nuca. Presione la cabeza ligeramente contra el suelo y contraiga la musculatura de cuello y nuca. Mantenga la tensión unos siete segundos. Suéltela de golpe y sienta la relajación durante un minuto.

Para contraer los músculos de la nuca, imagine que quisiera levantar todavía más la cabeza pero que se topara con un obstáculo que le impidiera hacerlo.
Al contraer fuertemente la musculatura de la nuca puede aparecer temblor. No se preocupe. Es completamente normal. Al presionar ligeramente la cabeza contra el suelo se contraen los músculos de la nuca. Para activar la musculatura anterior, presione al mismo tiempo la barbilla contra el pecho.

Pecho, hombros y parte superior de la espalda

1 Concéntrese en el pecho y la cintura escapular. Alce los hombros del suelo y échelos un poco hacia arriba. Al mismo tiempo, contraiga la musculatura de hombros y pecho. Mantenga la tensión durante siete segundos, suéltela de golpe y sienta la relajación durante alrededor de un minuto.

2 Concéntrese nuevamente en la cintura escapular y la parte superior de la espalda. Eche los hombros un poco hacia abajo y hacia atrás, de manera que los músculos de hombros y parte superior de la espalda se contraigan. Mantenga la tensión siete segundos, suéltela de golpe y sienta durante un minuto la relajación.

1

Al alzar los hombros y echarlos hacia dentro, como si quisiera juntar los hombros por delante del pecho, contrae la musculatura del pecho. Al mismo tiempo, imagine que sus hombros son presionados contra el suelo. De esta manera activará la musculatura de la espalda.
Cuando contrae la musculatura de la espalda presionando los hombros contra el suelo y echando los omóplatos hacia el centro de la espalda, consigue otro tipo de contracción y relajación. De esta manera, la parte superior de la espalda se levanta un poco del suelo.

La contracción de la cintura escapular es especialmente importante, ya que, con frecuencia, cuando existe estrés, se echan los hombros hacia arriba y se tensiona la nuca. Cuando haya aprendido a relajar la musculatura escapular, será capaz de afrontar mucho mejor el estrés.

2

Abdomen

1 Concéntrese en su abdomen. Tire el abdomen hacia dentro, de manera que contraiga los músculos abdominales, pero acuérdese de seguir respirando con normalidad. Mantenga la tensión siete segundos. Suéltela de golpe y sienta la relajación durante un minuto.

2 Concéntrese de nuevo en su abdomen. En esta ocasión, eche el abdomen hacia fuera, sin que por ello la espalda se levante del suelo. Contraiga los músculos del abdomen y siga respirando tranquilamente. Mantenga la tensión. Suéltela de golpe y sienta la relajación.

El hecho de meter la barriga no debe producirse a través de la respiración, sino que debe realizarse con la musculatura

abdominal. Imagine que tiene una banda de goma fijada a la columna vertebral y que tira del ombligo hacia dentro.
De la misma manera, el sacar barriga no debe producirse a través de la respiración, sino con la musculatura abdominal. Puede imaginar por ejemplo que quiere levantar un peso que tiene encima del abdomen.

En las culturas orientales, se considera el abdomen como el centro energético más importante del hombre. Así, por ejemplo, en el zen, el yoga o incluso en las artes marciales chinas se da especial importancia al desarrollo del centro del cuerpo.
Pero desde el punto de vista de la filosofía oriental, en ese punto se localiza también una peculiaridad anatómica: el plexo solar, una gran plexo nervioso. Si el abdomen está relajado, se recupera el sosiego.

Pierna derecha, pie derecho

1 Concéntrese en su muslo derecho. Apriete el talón derecho ligeramente contra el suelo y, de esta manera, contraiga los músculos del muslo. Mantenga la tensión y siga respirando tranquilamente. Suéltela de golpe y sienta la relajación durante alrededor de un minuto. Repita el ejercicio.

2 Concéntrese ahora en su pierna y pantorrilla derechas. Contraiga los músculos junto a la tibia estirando hacia usted los dedos de los pies. Mantenga la tensión durante siete segundos. Siga respirando pausadamente y suelte la tensión de golpe. Sienta durante un minuto la relajación y repita el ejercicio.

3 Concéntrese en su pie derecho. Estire el pie y flexione los dedos. Mantenga la tensión durante cinco segundos. Suéltela de golpe y sienta la relajación durante un minuto. Repita el ejercicio.

Al apretar el talón contra el suelo se contrae la musculatura posterior del muslo. No obstante, el hueco poplíteo es la única parte de la pierna que se eleva muy ligeramente del suelo. En realidad no

flexiona la pierna. Seguidamente sentirá la tensión contraria que
contrae la musculatura anterior del muslo.
Las tensiones en las piernas son difíciles de percibir.
Es importante eliminarlas, ya que la postura y movilidad de las
piernas influye sobre nuestra estática general.

Pierna izquierda, pie izquierdo

1 Concéntrese en su muslo izquierdo. Apriete el talón izquierdo ligeramente contra el suelo y, de esta manera, contraiga los músculos del muslo. Mantenga la tensión y siga respirando tranquilamente. Suéltela de golpe y sienta la relajación durante alrededor de un minuto. Repita el ejercicio.

2 Concéntrese ahora en su pierna y pantorrilla izquierdas. Contraiga los músculos junto a la tibia estirando hacia usted los dedos de los pies. Mantenga la tensión durante siete segundos. Siga respirando pausadamente y suelte la tensión de golpe. Sienta durante un minuto la relajación y repita el ejercicio.

3 Concéntrese en su pie izquierdo. Estire el pie y flexione los dedos. Mantenga la tensión durante cinco segundos. Suéltela de golpe y sienta la relajación durante un minuto. Repita el ejercicio.

1

La musculatura de la cara anterior de la pierna (es decir, tibial)
se activa al estirar los dedos del pie en dirección a la cabeza.
Ayudará a la contracción si al mismo tiempo aprieta el talón hacia
delante, como si quisiera empujar un objeto pesado.
Estire el pie de manera que forme una línea con la pierna.
Seguidamente, intente tocar el suelo con los dedos del pie.
En este caso, la tensión se mantiene menos tiempo, ya que la
musculatura del pie se enrampa con facilidad.

Todo el cuerpo

Para finalizar la relajación completa con RMP queremos contraer simultáneamente todos los músculos:

1 Cierre los puños y doble los brazos. Ponga cara de haber mordido un limón. Levante un poco la cabeza del suelo y apriete los hombros contra este.

Estire los pies y los dedos de los pies y apriete los talones contra el suelo.
Mantenga la tensión cinco segundos.

1

2 Suelte la tensión de golpe y sienta la relajación durante un minuto.

Repita el ejercicio. A continuación, permanezca unos momentos más con los ojos cerrados y disfrutando de la relajación.

En la fase final, el aparato muscular es activado nuevamente en su totalidad. Esta contracción precisa de un cierto grado de concentración: por una parte se contraerán todos los músculos y, por otra parte, es importante no contener la respiración. Por favor, ponga atención en este punto de manera consciente.

Relajación rápida: programa de 7 fases

http://goo.gl/aB9ePX

Ejercicio 3:
Programa
de 7 fases

(pista 3: 17:21 min.)

En el programa completo de la RMP, poco a poco ha ido contrayendo y relajando todos los grupos musculares. De esta manera puede eliminar las tensiones musculares.

Una vez se ha convertido en un experto, lo que como mínimo debe suponer diez periodos de ejercicios, puede acortar el programa.

Ya no es necesario que contraiga cada músculo, sino que puede concentrarse en determinados grupos musculares. La ventaja es evidente: precisará mucho menos tiempo para conseguir la misma profundidad de relajación; con unos 15 minutos será suficiente.

Con el programa de 7 fases, contraerá de manera consecutiva siete grupos musculares. Al final, se contraerán al mismo tiempo todos los grupos musculares. (Como se trata de una repetición, esta contracción no se cuenta como una fase adicional.)

Concédase su tiempo y no tenga prisa para aprender a relajarse.

Brazo derecho

Concéntrese en su brazo derecho. Apriete la mano derecha en un puño, flexione el brazo y contraiga el bíceps.
Mantenga la tensión: 1 - 2 - 3 - ¡no deje de respirar! - 4 - 5 - 6 - 7.
¡Ahora suelte la tensión!
Sienta durante aproximadamente medio minuto cómo los músculos se relajan.
Repita el ejercicio.

Brazo izquierdo

Concéntrese en su brazo izquierdo.

1 Apriete la mano derecha en un puño, flexione el brazo y contraiga el bíceps.
Mantenga la tensión: 1 - 2 - 3 - ¡no deje de respirar! - 4 - 5 - 6 - 7.
¡Ahora suelte la tensión!
Sienta durante aproximadamente medio minuto cómo los músculos se relajan.
Repita el ejercicio.

Cara

1 Concéntrese en su cara.
Contraiga todos los músculos faciales. Para ello, imagine que está mordiendo un limón. Apriete los ojos, alce el labio superior hacia la nariz, sin abrir para ello la boca, y tire las comisuras de la boca hacia arriba.
Mantenga la tensión: 1 - 2 - 3 - ¡no deje de respirar! - 4 - 5 - 6 - 7.
¡Ahora suelte la tensión!

Sienta durante medio minuto cómo los músculos se relajan.
Repita el ejercicio.

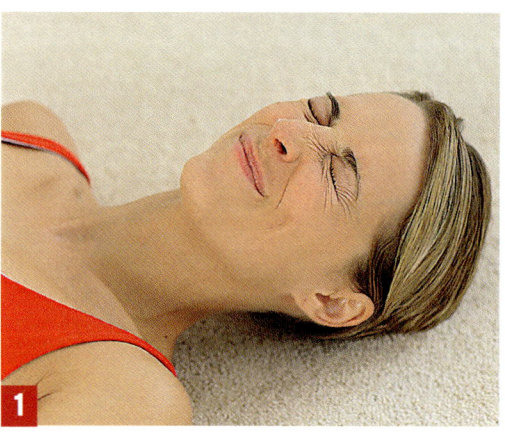

Nuca

Concéntrese en su cuello y nuca.

2 Alce un poco la cabeza del suelo y contraiga la musculatura del cuello y de la nuca. Imagine que quisiera levantar todavía más la cabeza pero que se encontrara con un obstáculo que se lo impidiera.
Mantenga la tensión: 1 - 2 - 3 - ¡continúe respirando! - 4 - 5 - 6 - 7.
¡Ahora suelte la tensión!

Sienta durante medio minuto cómo los músculos se relajan.
Repita el ejercicio.

Hombros, espalda y abdomen

1 Concéntrese en el tronco –la cintura escapular, la espalda y el abdomen–.
Eche los hombros un poco hacia abajo y hacia atrás, de manera que se contraigan los músculos de los hombros y la parte superior de la espalda. Con ello, la parte superior de la espalda se levanta ligeramente del suelo. Eche la barriga hacia fuera, manteniendo el contacto de la parte inferior de la espalda con el suelo.
Mantenga la tensión: 1 - 2 - 3 - ¡continúe respirando! - 4 - 5 - 6 - 7.
¡Ahora suelte la tensión!
Sienta durante medio minuto cómo los músculos se relajan.
Repita el ejercicio.

Pierna derecha

1 Concéntrese en su pierna derecha. Apriete el talón derecho ligeramente contra el suelo, estire el pie derecho y los dedos del pie.
Mantenga la tensión: 1 - 2 - 3 - ¡continúe respirando! - 4 - 5 - 6 - 7.
¡Ahora suelte la tensión!
Sienta durante medio minuto cómo los músculos se relajan.
Repita el ejercicio.

Pierna izquierda

Concéntrese en su pierna izquierda. Apriete el talón izquierdo ligeramente contra el suelo, estire el pie izquierdo y los dedos del pie.
Mantenga la tensión: 1 - 2 - 3 - ¡continúe respirando! - 4 - 5 - 6 - 7.
¡Ahora suelte la tensión!
Sienta durante medio minuto cómo los músculos se relajan.
Repita el ejercicio.

Todo el cuerpo

2 Para finalizar, contraiga simultáneamente todos los músculos
una vez más.
Apriete los puños y doble los brazos.
Ponga cara como si hubiera mordido un limón.
Levante la cabeza un poco del suelo y apriete los hombros contra
el suelo.
Estire los pies y los dedos de los pies y apriete los talones contra
el suelo.
Mantenga la tensión durante cinco segundos. Déjela ir de golpe y
sienta la relajación.

Programa de 4 fases

http://goo.gl/aB9ePX

Ejercicio 4:
Programa
de 4 fases

(pista 4: 5:41 min.)

El programa de 4 fases dura 5 minutos y se contraen consecutivamente:
- brazos
- cara y nuca
- hombros, espalda y abdomen
- piernas

Al final se contraen simultáneamente todos los grupos musculares. (Dado que se trata de una repetición, esta última contracción no se considera una fase adicional.) Empiece con esta forma abreviada sólo cuando haya conseguido una relajación profunda con la relajación completa y el programa de 7 fases.

Brazos

1 Concéntrese en sus brazos.
Apriete las manos en un puño, doble los brazos y contraiga los bíceps.
Mantenga la tensión: 1 - 2 - 3 - ¡continúe respirando! - 4 - 5 - 6 - 7.
¡Ahora suelte la tensión!
Sienta cómo los músculos se relajan.

Cara y nuca

2 Concéntrese en su cara y nuca.
Contraiga todos los músculos de la
cara, cerrando apretadamente los
ojos, levantando el labio superior
hacia la nariz, sin abrir para ello la
boca, y elevando también las
comisuras de la boca. Al mismo
tiempo, levante ligeramente la
cabeza del suelo y contraiga la
musculatura de cuello y nuca.
Mantenga la tensión: 1 - 2 - 3 -
¡continúe respirando! - 4 - 5 - 6 - 7.
¡Ahora suelte la tensión!
Sienta cómo los músculos se relajan.

Hombros, espalda y abdomen

3 Concéntrese en su cintura
escapular, espalda y abdomen.
Eche los hombros un poco hacia
abajo y hacia atrás. Eche la barriga
hacia afuera, como si quisiera
levantar un peso que descansara
sobre su abdomen.
Mantenga la tensión: 1 - 2 - 3 - ¡continúe respirando! - 4 - 5 - 6 - 7.
¡Ahora suelte la tensión!
Sienta cómo los músculos se relajan.

Piernas

1 Concéntrese en sus piernas. Apriete los talones contra el suelo, estire los pies y los dedos de los pies.
Mantenga la tensión: 1 - 2 - 3 - ¡continúe respirando! - 4 - 5 - 6 - 7.
¡Ahora suelte la tensión!
Sienta durante un minuto cómo los músculos se relajan.

Todo el cuerpo

2 Para finalizar, contraiga simultáneamente todos los músculos una vez más.

Apriete los puños y doble los brazos.

Ponga la cara como si hubiera mordido un limón.

Levante la cabeza un poco del suelo y apriete los hombros contra el suelo.

Estire los pies y los dedos de los pies y apriete los talones contra el suelo.

Mantenga la tensión durante cinco segundos. Deje ir de golpe la tensión y sienta durante un minuto la relajación.

¡La práctica lo es todo!

Lógicamente, lo que usted desearía es relajarse completamente de manera inmediata. O, como mínimo, después de una o dos fases de ejercicios. Con la relajación muscular de Jacobson puede aprender en un tiempo relativamente corto a relajarse –y no tan solo con la práctica–. Pero, desgraciadamente, este aprendizaje no es cuestión de un momento: ha practicado durante años cómo acumular tensión. No es de extrañar, si consideramos el estrés cotidiano que tiene que soportar. No serán necesarios años para conseguir la relajación física y mental. No obstante, lo que sí es necesario es la práctica regular y a fondo.

Realice el programa completo por lo menos 10 veces y como mínimo cada dos días. Una vez ha tenido la experiencia de la relajación completa, es importante seguir practicando –aunque ya no necesitará dedicar tanto tiempo–. Cuando finalmente pueda recurrir al programa de 4 fases, ya no será necesario que practique diariamente o cada dos días, sino sólo que refresque a intervalos regulares lo aprendido.

En cuestión de dos o tres meses, habrá solucionado de raíz sus tensiones. Naturalmente, de vez en cuando hay situaciones que nos estresan y nos crean tensión –¡pero entonces ya será un experto en relajación!–.

Disfrutar relajado
del día a día

Utilice las posibilidades de relajación aprendidas para las situaciones cotidianas. Con la necesaria práctica, será capaz de permanecer relajado ante el estrés cotidiano.

Programas cortos

Con los programas de fases abreviados ha aprendido a conseguir una relajación profunda en pocos minutos. Pero por regla general, en su vida cotidiana no puede sencillamente estirarse sobre una manta y realizar un ejercicio de relajación. Sus compañeros de trabajo se sorprenderían.

Pero tampoco es necesario. Para librarse del estrés en el día a día, no es imprescindible que relaje todo el cuerpo. Se trata de que se sienta bien y se deshaga de las tensiones innecesarias. Para ello no es preciso que se estire ni que relaje todos los grupos musculares. En la mayoría de las situaciones cotidianas, no tan solo es imposible sino también desaconsejable.

Estar activo y relajado al mismo tiempo no constituye una contradicción. Estar relajado en el día a día significa relajar los músculos que no necesita y tensionar la musculatura activa de tal manera que aplique sus fuerzas de manera óptima en lugar de bloquear las tensiones.

Relajado en cualquier sitio

Con la experiencia adquirida hasta el momento, probablemente sería capaz de desarrollar sus propios ejercicios para aplicarlos en el día a día. Sin embargo, no es necesario que lo haga, ya que en las siguientes páginas le haremos algunas propuestas de cómo:

- estar de pie en una cola y al mismo tiempo relajarse, sin atraer extrañadas miradas;
- poderse relajar sentado en la oficina en mitad de la jornada laboral, sin que sus compañeros de trabajo se den cuenta;
- poder eliminar el estrés en el coche, sin ser un peligro para la circulación.

En la cola

Naturalmente, estando de pie no puede relajar todos los
músculos. Los necesita para permanecer de pie. Pero por qué no
aprovechar el tiempo de espera en la cola para hacer alguna cosa
para relajarse. La espera puede implicar estrés.

Los siguientes músculos son especialmente adecuados para unos
breves ejercicios de contracción y relajación.

* Manos, hombros y parte superior de la espalda: apriete los
  puños. Al mismo tiempo, eche los brazos hacia abajo y atrás.
* Nuca: gire la cabeza como si quisiera ver lo que pasa detrás de
  usted. Gire la cabeza con
  cuidado y no fuerce el
  movimiento. Naturalmente,
  debe realizar este ejercicio a
  ambos lados.
* Cara: simplemente, bostece
  ampliamente (y póngase la
  mano delante de la boca).
* Abdomen: meta la barriga
  con fuerza. No obstante, no
  se olvide de seguir
  respirando.

1 Piernas: este ejercicio
también es beneficioso contra
las varices.
Simplemente, levante los
talones del suelo y póngase de
puntillas. Reparta el peso
corporal entre ambas piernas.
Si se encuentra
ante un estante alto, el
movimiento parece
completamente natural.
Pero también puede ponerse
de puntillas sobre un solo pie,

doblando para ello ligeramente la pierna. Seguidamente, realice el mismo movimiento con el otro pie.

En la oficina

Naturalmente, los ejercicios sentado que aquí exponemos pueden realizarse también fuera de la oficina, por ejemplo en el avión, el tren o en casa, ante el escritorio. Sobre todo en actividades que se realizan sentado o durante un viaje, una pequeña pausa relajante es beneficiosa y es importante para la salud. La posición de sentado no es en realidad una posición demasiado natural. Si realiza regularmente los siguientes ejercicios de relajación, podrá sentirse bien en medio del estrés cotidiano. Hemos hecho especial hincapié en que los ejercicios pasen desapercibidos.

Llegados a este punto, el principio de la RMP ya forma parte de usted: contrae un grupo muscular y mantiene la tensión siete segundos sin contener la respiración. Seguidamente, relaja la musculatura de golpe (y no de manera paulatina). A partir de ahora solo le indicaremos cómo debe contraer los músculos. Usted ya sabe cómo trabajar con ello.

- Brazos: coja con firmeza la silla a ambos lados y tire como si quisiera alzarse junto con la silla.
  Alternativamente, puede cogerse simplemente por debajo del muslo.
- Cara: la cara no puede esconderse. Pero puede contraer la musculatura facial disimuladamente, bajando simplemente un poco la cabeza y tocándose la frente con la punta de los dedos. De esta manera, nadie verá cómo pone «cara de morder un limón».

1 Nuca: ponga las manos detrás de la cabeza y apriete la cabeza hacia atrás, contra la resistencia de los brazos. También puede realizar este ejercicio de pie.

- Hombros y espalda: eche los hombros hacia atrás y hacia abajo como habitualmente.
- Abdomen: siéntese derecho e intente levantar los pies un centímetro del suelo. No es imprescindible que los pies se despeguen del suelo, pero las plantas de los pies no deberían soportar ningún peso.
- Piernas: levante los talones del suelo y doble los dedos de los pies como si quisiera coger algo con ellos.

En el coche
No es recomendable relajarse demasiado en el coche. Por favor, no se le ocurra escuchar el audio que acompaña a este libro o cualquier otro audio de relajación mientras conduce, ya que disminuiría su capacidad de reacción y aumentaría el riesgo de accidente. Los siguientes ejercicios de contracción y relajación no son peligrosos, sino que aumentan su atención y reducen el estrés.

- Cara: en la musculatura de la cara es especialmente fácil deshacerse del estrés. Naturalmente, al conducir no debe

1

cerrar los ojos fuertemente. Sin embargo, sí puede levantar las
cejas y soltar la tensión de golpe. Mediante este ejercicio
conseguirá una mayor atención y relajación. Lo mismo ocurre al
elevar las comisuras de la boca. Cuando no le vea nadie (o
cuando le de igual que lo hagan), es ideal sacar la lengua lo
máximo posible para eliminar las posibles tensiones a nivel
mandibular.

• Nuca, cintura escapular, abdomen, brazos: por favor, no se le
ocurra realizar este ejercicio mientras conduce. No obstante,
cuando realice una parada o cuando esté detenido en medio de
un atasco es ideal para eliminar las tensiones. Sujete
fuertemente el volante, apriete la cabeza contra el
reposacabezas, eche los hombros hacia abajo y hacia atrás.
Levante los pies de los pedales.

¡Relajación! Relajarse en cuestión de segundos entre horas

¿No sería maravilloso poderse relajar en cuestión de segundos,
sin tener que hacer una pausa? Cuando haya aprendido a
relajarse con la RMP, también será capaz de aprender a relajarse
en un santiamén. Sin práctica no es posible, pero funciona más
rápidamente de lo que usted podría suponer.

Músculos principales

Para la relajación hay algunos músculos más importantes que
otros. Ante el estrés hay dos grupos musculares que reaccionan
en primer lugar: los músculos abdominales se ponen duros y
aparecen arrugas en la cara. Después les siguen otros músculos.
Biológicamente tiene sentido: ante un ataque, lo más importante
es proteger primero los órganos internos (se contrae la
musculatura abdominal, formando una especie de coraza) y
concentrarse completamente en la amenaza (entre otros se
entornan los ojos).

Nuestro organismo tiene tan asumido este programa que no es
fácil contraer abdomen y cara y al mismo tiempo relajar otros

músculos. Puede comprobarlo usted mismo. No es imposible,
pero tiene que concentrarse en ello.

Con estos conocimientos, tiene la posibilidad de relajarse
rápidamente; concéntrese en la cara y el abdomen y relaje sus
músculos. Si no están extremadamente contraídos (y
naturalmente este punto debe haberlo superado con anterioridad
mediante la RMP), en pocos segundos conseguirá estar
completamente relajado. Pero incluso puede conseguirse de
manera más rápida.

*La maestría
se consigue con
la práctica: puede
conseguir la
relajación en
cuestión de segundos.*

La relajación en pocos segundos

Debe practicar durante un tiempo la relajación en pocos segundos y, más adelante, repetirla con regularidad.

No obstante, el proceso es muy sencillo.

Utiliza la capacidad cerebral de relacionar cosas distintas mediante la asociación. Probablemente, este hecho le será conocido en el caso de los olores –un determinado olor le recuerda la Navidad y acontecimientos pasados, otro olor le provoca espasmos gástricos y náuseas–.

Nuestra intención es asociar la relajación primero con un pequeño movimiento y después con un pensamiento.

Relacionar la contracción y la relajación con un movimiento

Practique la relajación rápida mediante la relajación de la musculatura abdominal y facial. Al mismo tiempo que suelta la tensión, realice un pequeño movimiento característico: preferiblemente, apriete los puños antes de soltar la tensión y con la relajación suelte la tensión de las manos.

Así pues, sólo aprieta los puños y suelta la tensión. No obstante, su concentración se centra en la relajación de la cara y el abdomen. Pasado un tiempo, es suficiente con cerrar brevemente los puños y abrirlos. La relajación de la cara y el abdomen (y con ella la relajación mental) está asociada a este movimiento.

Relacionar la contracción y la relajación con un pensamiento

Relacione la contracción y la relajación de las manos con un pensamiento, por ejemplo con la orden interna de «¡soltar la tensión!». De la misma manera, después de un tiempo de práctica, será capaz de relajarse en cuestión de segundos: el pensamiento «¡soltar la tensión!» es suficiente para relajarse. ¡Más rápido imposible!

Programa mental

Si lleva algún tiempo practicando la relajación muscular, comprobará que realmente es capaz de relajarse y que con la relajación corporal, por sí sola, sin proponérselo, también consigue una mayor calma en su mente. En comparación con la época anterior a su entrenamiento, probablemente está más tranquilo y relajado. El estrés ya no le afecta tanto y tiene más control sobre su vida y su bienestar. Ha comprobado en sus propias carnes que el cuerpo y la mente funcionan en colaboración más estrecha de lo que normalmente se piensa. Quizás esté plenamente contento con los resultados que ha obtenido. ¿Por qué no? Tiene toda la razón de estar orgulloso de sí mismo.

Relajado a pesar de la sobrecarga

Sin embargo, es posible que quiera seguir avanzando. Cuando está sometido a determinadas sobrecargas, probablemente tenga la sensación de que podría ser positivo para usted un mayor control de sus sentimientos en ebullición. Para ello, puede recurrir a su experiencia con la relajación muscular. Con el programa mental aprenderá cómo liberarse más fácilmente de las emociones negativas.

Sentir y deshacerse de la ira, el enojo y la tristeza

En ocasiones, las emociones se apoderan de todo. La ira, el enojo, la tristeza o el miedo hacen su aparición y cualquier intento de liberarse conscientemente de estas emociones fracasa antes de empezar. No podemos simplemente decidir: «ya no estoy triste», «voy a dejar de estar enfadado» o «ahora ya no tengo miedo». ¡Si fuera tan fácil!

Por otro lado, no estamos completa e irremediablemente a merced de nuestras emociones. Existe salida para la depresión y otros problemas mentales. Cuando se hace muy difícil, es útil la ayuda de un psicólogo experimentado. Tanto si trabaja de la mano de un psicólogo, como si tiene la impresión de que puede salir sin necesidad de ayuda profesional: con el *programa mental* podrá, en cualquier caso, hacer algo por usted. Por sí solo o como coadyuvante de una terapia. Y, simplemente, relajando las emociones negativas.

Eliminar las emociones negativas con la relajación

Las emociones se manifiestan en la postura corporal.

Las personas que están sometidas a presión echan hacia abajo los hombros y las comisuras de la boca. Aquel que siente miedo, abre los ojos y levanta los hombros. La ira nos hace fruncir el ceño y apretar los ojos.

Realice un pequeño experimento consigo mismo: deje caer la cabeza, eche los hombros hacia arriba, apriete los ojos y baje las comisuras de la boca e intente entonces despertar un sentimiento feliz. Comprobará que le es imposible.

La situación contraria es lo mismo: alce las comisuras de la boca, abra los ojos y dirija su mirada ligeramente hacia arriba, eche los hombros ligeramente hacia atrás y respire profundamente.

Levante los brazos por encima de la cabeza. En esta posición, le resultará muy difícil despertar sentimientos negativos. Mientras que existen varias «posiciones negativas», sólo existe esta «posición positiva».

1 Adopte conscientemente una postura que represente para usted emociones negativas. Varíe algo la postura.

Es importante que pueda sentir la emoción que desea representar. Permita que esa emoción crezca en su interior hasta que la sienta claramente.

Cierre las manos en un puño y contraiga el abdomen. Permanezca siete segundos en esta postura.

Suelte la tensión de golpe y adopte la «posición positiva». Alce los brazos por encima de la cabeza y respire profundamente tres veces. Perciba conscientemente el cambio de sus emociones. Repítalo todo tres veces.

Cuando haya practicado este ejercicio varias veces, puede realizar el ejercicio en un santiamén en su imaginación, tal y como aprendió en la página 58. Funciona mejor si al realizar el ejercicio, asocia una palabra clave a la fase de felicidad, pensando o mejor gritando por ejemplo *feliz* al levantar los brazos. Más adelante, con sólo decir interiormente esta palabra clave comprobará que sus emociones negativas, por lo menos durante un momento, desaparecen. Cuanto más practique tanto más fuerte será la asociación.

Por supuesto, no se trata de una panacea, pero es sorprendentemente útil. ¡Pruébelo y disfrute!

1

Relajación rápida entre horas

Este programa es un extracto del programa de 7 fases (a partir de la pág. 40) . Puede realizarlo entre horas, sobre todo cuando no dispone del tiempo suficiente para realizar el programa completo.

Brazo izquierdo
Concéntrese en su brazo izquierdo.

1 Apriete la mano izquierda en un puño, flexione el brazo y contraiga el bíceps.
Mantenga la tensión: 1 - 2 - 3 – siga respirando - 4 - 5 - 6 - 7.
¡Ahora relájese!
Durante alrededor de medio minuto sienta cómo los músculos se relajan.
Repita el ejercicio.

Brazo derecho
Concéntrese en su brazo derecho. Apriete la mano derecha en un puño, flexione el brazo y contraiga el bíceps.

Mantenga la tensión: 1 - 2 - 3 - siga respirando – 4 - 5 - 6 - 7.
¡Ahora relájese!
Durante alrededor de medio minuto sienta cómo los músculos se relajan.
Repita el ejercicio.

Cara
Concéntrese en su cara.

2 Contraiga todos los músculos de la cara, imaginándose que está mordiendo un limón.
Cierre los ojos con fuerza, acerque el labio superior a la nariz sin abrir la boca y levante las comisuras de la boca.
Mantenga la tensión: 1 - 2 - 3 - siga respirando – 4 - 5 - 6 - 7.
¡Ahora relájese!
Durante alrededor de medio minuto sienta cómo los músculos se relajan.
Repita el ejercicio.

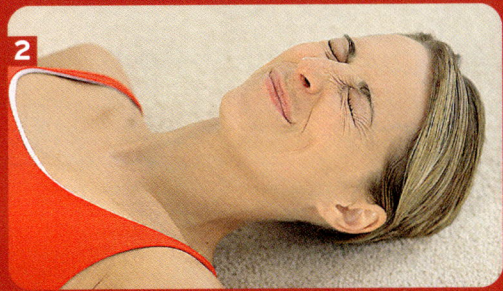

Nuca

Concéntrese en su cuello y nuca.

3 Levante un poco la cabeza del suelo y contraiga la musculatura del cuello y cervical.
Imagínese como si su cabeza quisiera levantarse más del suelo, pero tuviera que luchar contra un obstáculo que impide que se levante.
Mantenga la tensión: 1 - 2 - 3 - siga respirando – 4 - 5 - 6 - 7.
¡Ahora relájese!
Durante alrededor de medio minuto sienta cómo los músculos se relajan.
Repita el ejercicio.

Todo el cuerpo

Para finalizar, contraiga todos los músculos simultáneamente.

4 Apriete los puños y flexione los brazos.
Ponga la cara como si estuviera mordiendo un limón.
Levante un poco la cabeza y presione los hombros contra el suelo.
Estire los pies y los dedos de los pies y presione los talones contra el suelo.
Mantenga la tensión durante cinco segundos.
Seguidamente, suelte la tensión y sienta la relajación.

Los autores

Anja Schwarz, Dipl. Psic., nacida en Múnich en 1966. Estudió psicología en Giessen y Regensburg. Formación como terapeuta del comportamiento en VfkV (Verein zur Förderung del klinis-chen Verhaltenstherapie). Autorizada como psicoterapeuta psicológica. Varios años de actividad en la Clínica Psicosomática de Windach. Desde 2000 trabaja en su consulta privada. www.psicotherapeutin-dachau.de

Aljoscha A. Schwarz, Dipl. Psic., nacido en Bonn en 1961, miembro de Mensa, estudió filosofía, psicología, pedagogía, pedagogía musical e idiomas en Canadá y Alemania. Su principal interés se centra en la investigación cerebral. Desde 1989 trabaja como escritor, traductor, compositor y asesor vital filosófico. www.seelentherapeut.de

Bibliografía

Bernstein, D.A./Borkovec, T.D.: *Entspannungs-Training. Handbuch der progressiven Muskelentspannung*. Pfeiffer, München, 1990.
Jacobson, E.: *Entspannung als Therapie*. Stuttgart, 1996.
Grasberger, D./Schweppe R.: *Richtig Atmen*. BLV, München, 2006.
Schwarz, A.: *Mein kleiner Seelentherapeut*. Gütersloher Verlagshaus, Gütersloh, 2006.
Schwarz, A.: *Loslassen und Leben*. Urania, Stuttgart, 2004.
Schwarz, A./Schweppe R.: *Das NLP-Praxisbuch*. Südwest, München, 2006.
Schweppe R./Schwarz A.: *Urlaub auf der Seeleninsel*. Kösel, München, 2003.
Wolpe, J.: *Praxis der Verhaltenstherapie*. H. Huber, Göttingen, 1993.

Descripción de las pistas de audio

Ejercicio 1: Tres pequeños ejercicios preparatorios, 4:39 minutos
Ejercicio 2: Relajación completa por RMP, 39:16 minutos
Ejercicio 3: Programa de 7 fases, 17:21 minutos
Ejercicio 4: Programa de 4 fases, 5:41 minutos

Advertencia

El presente libro ha sido objeto de una esmerada revisión, pero no se puede garantizar el contenido de todas sus indicaciones. Ni los autores ni la editorial pueden hacerse responsables de eventuales daños y perjuicios que resultaran de la aplicación de las informaciones que se presentan en la obra.

Título de la edición original:
Muskelentspannung *nach Jacobson*

Es propiedad
© BLV Buchverlag GmbH & Co. Kg, Múnich (Alemania)

© de la edición en castellano, 2017:
Editorial Hispano Europea, S. A.
Passeig del Ferrocarril, 335, 2º2ª
08860 Castelldefels - Barcelona, España
E-mail: hispanoeuropea@hispanoeuropea.com

© de la traducción: Margarita Gutiérrez

Créditos fotográficos: Todas las fotografías de Susanne Kracke, excepto: Besendorfer, Eva: pág. 7, 11, 17, 19, 40, 51, 57; Jupiter Images: pág. 6. Fotgrafías de la cubierta: Susanne Kracke.

Toda forma de reproducción, distribución, comunicación pública o transformación de esta obra solo puede ser realizada con la autorización de sus titulares, salvo la excepción prevista por la ley. Diríjase al editor si necesita fotocopiar o digitalizar algún fragmento de esta obra.

Depósito Legal: B. 13781-2017

ISBN: 978-84-255-2022-8

Impreso en España
Ediciones Digitales Integradas, S.L.
C/ Costa Rica C5 (Pol. Ind. La Peña)
28806 Alcalá de Henares (Madrid)

Consulte nuestra web:
www.hispanoeuropea.com